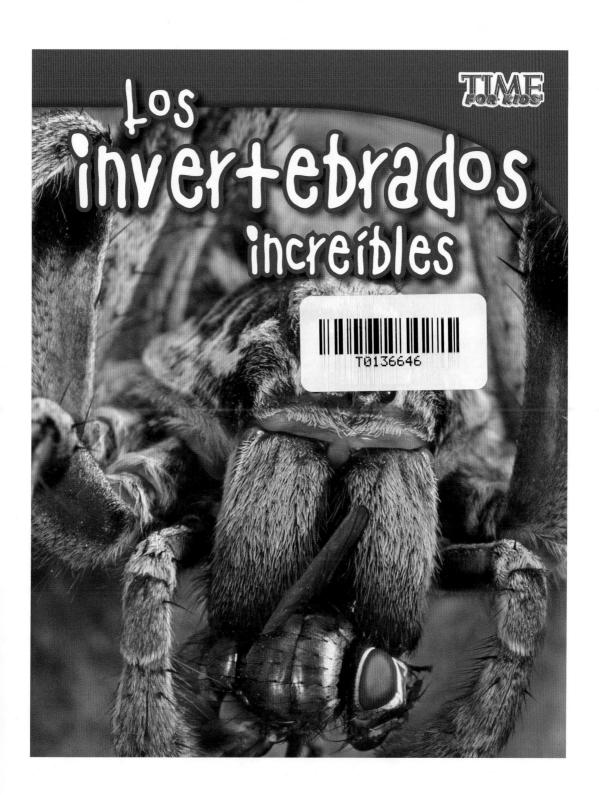

Los invertebrados increíbles

TIME FOR KIDS

T0136646

Debra J. Housel

Asesor

Timothy Rasinski, Ph.D.
Kent State University
Bill Houska, D.V.M.
James K. Morrisey, D.V.M.

Créditos

Dona Herweck Rice, *Gerente de redacción*
Lee Aucoin, *Directora creativa*
Robin Erickson, *Diseñadora*
Conni Medina, M.A.Ed., *Directora editorial*
Stephanie Reid, *Editora de fotos*
Rachelle Cracchiolo, M.S.Ed., *Editora comercial*

Basado en los escritos de *TIME For Kids*.

TIME For Kids y el logotipo de *TIME For Kids* son marcas registradas de TIME Inc. Usado bajo licencia.

Teacher Created Materials

5301 Oceanus Drive
Huntington Beach, CA 92649-1030
http://www.tcmpub.com

ISBN 978-1-4333-4475-6

© 2012 Teacher Created Materials, Inc.
Printed in Malaysia. Thumbprints.43746

Tabla de contenido

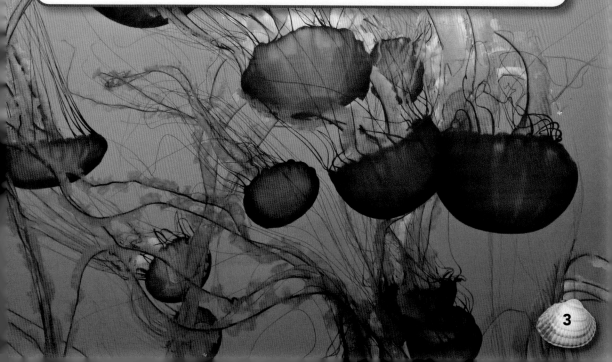

¿Qué es un invertebrado?

La mayoría de los animales se mueven, pero muchos no pueden moverse como tú. Tú te agachas, corres, saltas y trepas. Algunos animales nadan, se retuercen, se contonean, reptan o se arrastran. Otros ni siquiera pueden moverse. Por supuesto, estamos hablando de los **invertebrados**, los animales que no tienen columna vertebral.

camarón azul de río

Hay más de un millón de diferentes clases de invertebrados.

caracol

medusa

5

El cuerpo de los invertebrados es mucho más simple que el tuyo. En lugar de cerebro, tienen un conjunto de células llamadas **ganglios**. Los ganglios controlan su cuerpo tal como tu cerebro controla el tuyo. Sin embargo, al no tener cerebro, estos animales no pueden hacer muchas de las cosas que tú sí haces.

Hay invertebrados en el aire, bajo el agua y en la tierra. Algunos son **carnívoros** y comen otros animales. Las mariquitas, por ejemplo, pueden comer hasta 50 insectos diarios.

una mariquita comiendo áfidos

▼ Las anémonas de mar comen otros animales marinos.

▼ Los enjambres de saltamontes pueden comerse todas las plantas verdes en millas a la redonda.

lombriz

▲ Esta ostra perla de labio negro come plantas y animales muertos que hay en el agua marina.

Otros invertebrados son **herbívoros**. Es decir, se alimentan de plantas. Por ejemplo, los caracoles comen hojas, verduras y frutas.

Algunos invertebrados comen carne y plantas. Son **omnívoros**. Las lombrices, por ejemplo, comen pequeños pedazos de plantas y animales descompuestos que encuentran en la tierra.

Invertebrados simples

Tú tienes corazón, estómago y pulmones. Sin embargo, no todos los animales poseen estos órganos. Las esponjas y los corales no los tienen.

Algunos invertebrados tienen cuerpos blandos y un aguijón. Usan el aguijón como defensa y también para matar a sus **presas**. Si alguna vez te has enredado en una medusa o aguamala, ya sabes cuánto duele su picadura.

Esponjas

Las esponjas viven en el mar. Hace unos 200 años, la gente pensaba que las esponjas eran plantas. Ahora sabemos que son la forma más sencilla de todos los animales **multicelulares**.

esponja azul

Oso de agua

Los osos de agua son pequeños invertebrados que viven en el agua. Requieren agua para obtener oxígeno. Se alimentan de células de animales y de plantas. Los osos de agua se encuentan alrededor del mundo, incluso en lugares con temperaturas extremas, tales como manantiales termales.

ortiga de mar

´ida microscópica

s pequeños animales unicelulares,
mo las bacterias, son
ertebrados. Sin embargo, no son
que la mayoría de la gente piensa
hablar de invertebrados. Se
denomina **vida microscópica**
rque se necesita un microscopio
ra verlos.

medusa australiana

Algunos invertebrados simples pueden regenerar partes de su cuerpo. Una estrella de mar tiene cinco brazos. Si se desprende uno de los brazos, crece uno nuevo. Esto se le conoce como **regeneración**.

Los invertebrados simples se **reproducen** de maneras extrañas. Las esponjas, las medusas y los corales lo hacen por **brotes**. Las crías comienzan a crecer en la parte externa del cuerpo de sus progenitores. Cuando la cría tiene el tamaño suficiente, se separa para convertirse en un animal aparte.

esponjas y coral

▲ Si un brazo desprendido conserva un pedazo del cuerpo, puede crecer para formar una nueva estrella de mar.

▼ coral submarino

¡Sorprendente!

Si se desprende un pedazo de una esponja viva, puede crecer y formar una nueva esponja. Si el pedazo cae cerca de la esponja principal, puede unirse de nuevo a ella.

¿Sabías que una lombriz es macho y hembra? ¡Es cierto! Cuando las lombrices se aparean, depositan huevos en una estructura similar a un brazalete que crece alrededor de sus cuerpos. Cuando la lombriz se mueve, el brazalete se desliza hacia arriba hasta que sale por la cabeza y forma un capullo. Después de unas semanas, nacen nuevas lombrices del capullo.

lombrices

La mayoría de los platelmintos o gusanos planos son **parásitos**. Viven en los cuerpos de otros animales. Algunos platelmintos se reproducen dividiéndose en dos. Una parte tiene la cabeza. La otra tiene la cola. Después, en cada segmento crece la parte faltante. Los pedazos se convierten en dos nuevos platelmintos.

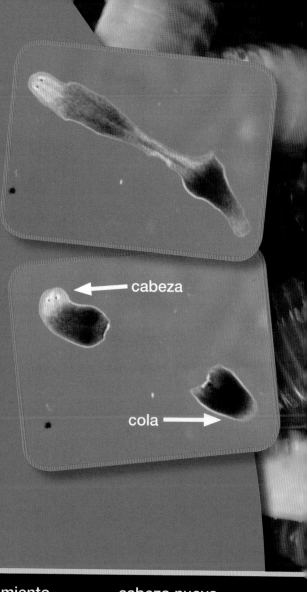

cabeza

cola

▼ Las planarias son un tipo común de platelmintos. Éste está creciendo una nueva cabeza. Las dos manchas son sus ojos.

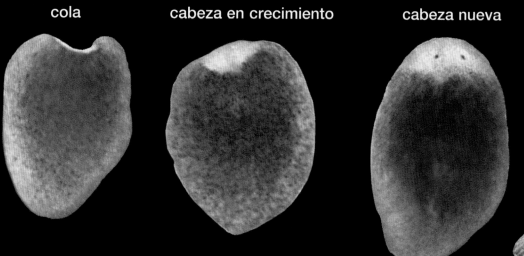

cola   cabeza en crecimiento   cabeza nueva

Moluscos

Los **moluscos** tienen cuerpos suaves. La mayoría de ellos están cubiertos por conchas o caparazones. Los caracoles son moluscos con cuatro tentáculos. Los ojos en la punta de los tentáculos más largos distinguen la luz de la oscuridad.

▼ Un caracol usa su pata muscular para subir.

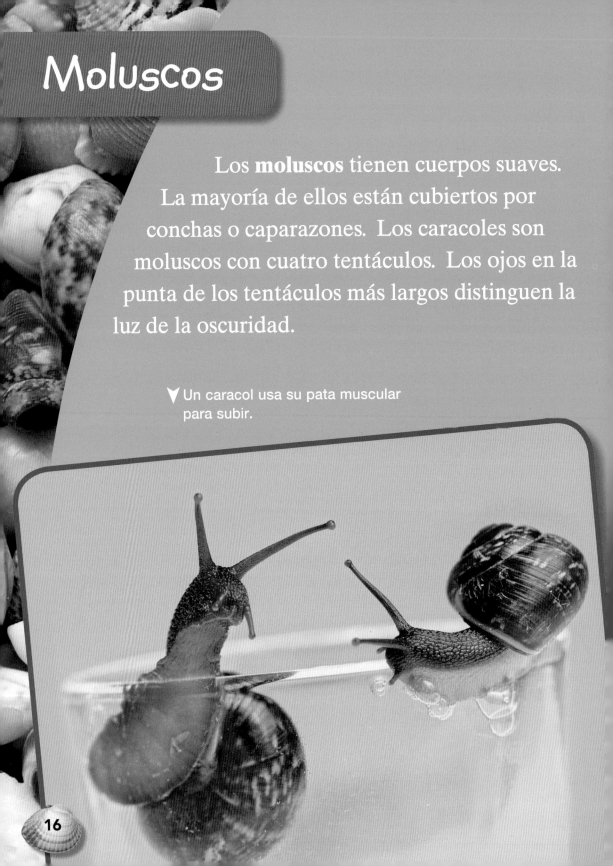

Estivación

Si el clima se vuelve demasiado cálido o seco, un caracol **estiva** para no secarse. Se adhiere a una superficie con la pata. Después introduce todo el cuerpo dentro del caparazón. Permanece así hasta que las condiciones mejoren.

Un caracol se mueve utilizando una pata **muscular** en la parte inferior del cuerpo. La pata tiene **mucosidad** que le ayuda al caracol a deslizarse por cualquier superficie.

Las almejas pasan la mayor parte de su vida bajo la arena o el lodo. Absorben agua por medio de la concha. El agua les proporciona alimento y oxígeno. Las almejas son **bivalvas**. Esto significa que tienen dos conchas unidas con una articulación que les permite abrirlas y cerrarlas.

almeja gigante

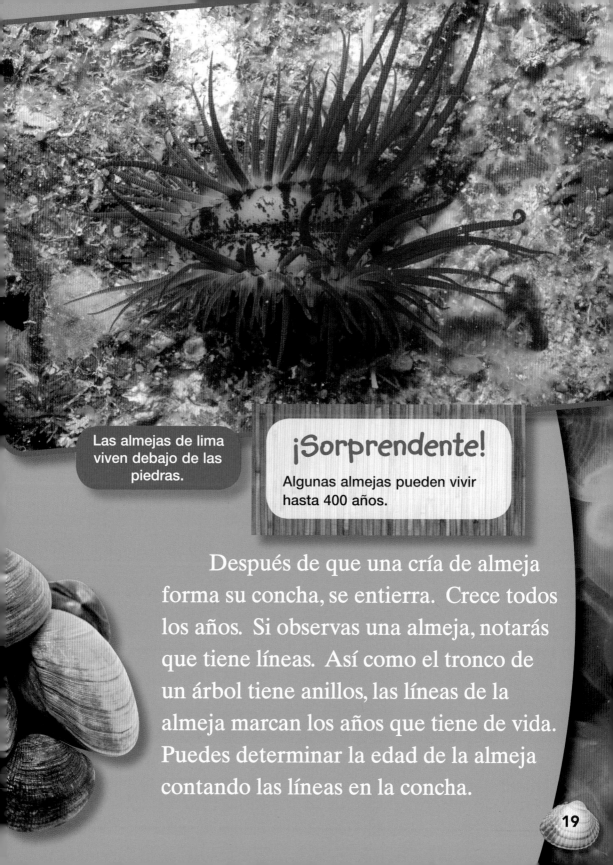

Las almejas de lima viven debajo de las piedras.

¡Sorprendente!

Algunas almejas pueden vivir hasta 400 años.

Después de que una cría de almeja forma su concha, se entierra. Crece todos los años. Si observas una almeja, notarás que tiene líneas. Así como el tronco de un árbol tiene anillos, las líneas de la almeja marcan los años que tiene de vida. Puedes determinar la edad de la almeja contando las líneas en la concha.

El pulpo y el calamar son moluscos sin concha o caparazón. Ambos viven en el mar. Sujetan a otros animales con sus tentáculos y los llevan hasta sus bocas.

Estos animales se desplazan echando chorros de agua. Si son atacados por un depredador, lanzan tinta. La nube oscura les permite escapar.

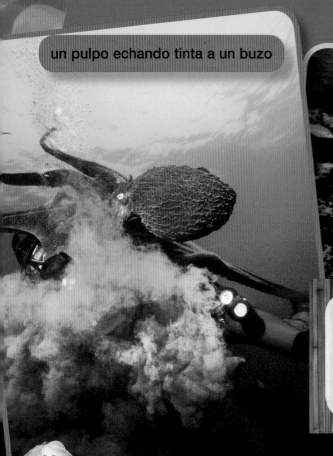

un pulpo echando tinta a un buzo

calamar del Caribe

¡Sabiondo!

El pulpo es el invertebrado más inteligente. Quizás incluso pueda pensar.

El calamar gigante es el invertebrado más grande que el hombre conoce. ¡Mira qué tan grande puede ser!

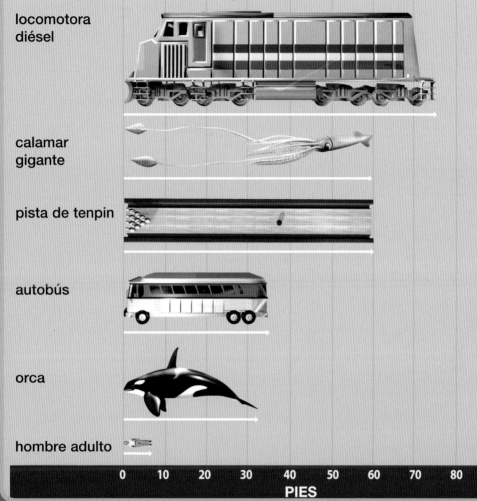

locomotora diésel

calamar gigante

pista de tenpin

autobús

orca

hombre adulto

0	10	20	30	40	50	60	70	80

PIES

Se sabe poco del calamar gigante. Nunca se ha podido atrapar uno vivo. Los científicos estudian los calamares muertos que llegan hasta la costa. El más grande que se ha encontrado medía 60 pies de largo.

Artrópodos

Tú tienes articulaciones en las piernas. Estas articulaciones te permiten doblar las rodillas y los tobillos. Muchos invertebrados tienen patas **articuladas**. Estos **artrópodos** incluyen a las arañas, las abejas, las langostas y los cangrejos.

La mayoría de los artrópodos ponen huevos. Algunos pasan por varias etapas en su vida. Cambian varias veces desde que nacen hasta que mueren.

¿Lo sabías?

Los insectos siempre tienen seis patas. Las arañas no son insectos porque tienen ocho patas. Los milpiés y los ciempiés tampoco son insectos. Estos artrópodos pueden tener cientos de patas.

escorpión desértico

ciempiés desértico

¿Cómo es la vida de un artrópodo desde que nace hasta que muere? Aquí se muestra la vida de un mosquito desde que es un huevo hasta la edad adulta.

El ciclo de vida de un mosquito

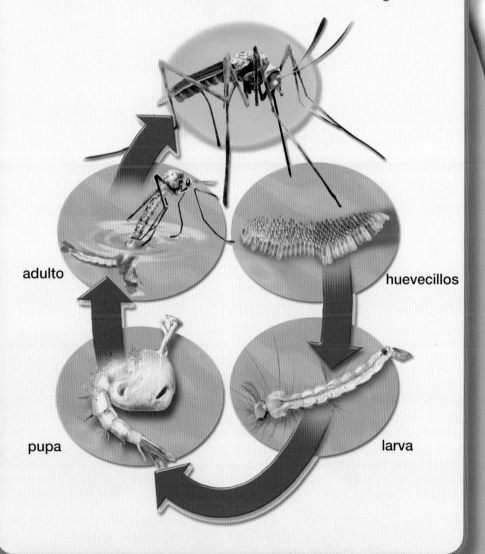

adulto

huevecillos

pupa

larva

Tú tienes un esqueleto. Te sostiene y te da forma. Tus huesos están cubiertos de carne. Los artrópodos, en cambio, no tienen huesos. Tienen una cubierta dura, llamada **exoesqueleto**, en la parte exterior del cuerpo. Para crecer, un artrópodo **muda**. Se desprende de su exoesqueleto. El cuerpo queda desprotegido hasta que se endurece la nueva cubierta.

En la mayoría de los artrópodos, el cuerpo está formado por tres **segmentos**. En la cabeza están los ojos y la boca. Después viene el **tórax**, donde usualmente están las patas y las alas. La última parte es el **abdomen**. Aquí puede haber más patas, una cola o un aguijón.

cangrejo ermitaño

Una araña envuelve a su presa con seda para reservarla.

Alrededor del mundo

Los insectos, que también son artrópodos, son los únicos animales que viven en todas partes, incluso en la Antártica.

escorpión

Las arañas, los escorpiones y las garrapatas son tipos de artrópodos llamados **arácnidos**. Tienen ocho patas y son carnívoros. Las arañas tejen telarañas para atrapar insectos. Los escorpiones pican a sus presas. Las garrapatas pueden meterse en el pelambre de tu mascota y chuparle la sangre.

Los **crustáceos** tienen cuerpos que son duros por fuera. Son los cangrejos, camarones y langostas. La mayoría de los cangrejos y camarones viven en el mar, pero algunos se encuentran en agua dulce. Las langostas siempre viven en agua salada.

Los camarones de río parecen pequeñas langostas, pero viven en agua dulce. Incluso hay uno que vive en tierra. Durante el día, el camarón chimenea abre un hoyo en el pantano, empuja la tierra y forma una "chimenea." De noche, sube por la chimenea en busca de alimento.

Algunas personas tienen invertebrados como mascotas porque son silenciosos y no requieren mucho cuidado. Además, es muy interesante observarlos. ¿Te gustaría tener un invertebrado como mascota?

camarón chimenea

langostino rojo de pantano

Glosario

abdomen—la parte trasera de un artrópodo

arácnidos—artrópodos de ocho patas que se alimentan de otros animales

articulado—que tiene una parte flexible que permite que dos mitades se muevan

artrópodos—invertebrados con patas articuladas y estructura exterior dura, como un caparazón (exoesqueleto)

bivalvos—moluscos con conchas articuladas

brote—reproducción mediante el crecimiento de las crías en el cuerpo exterior de los progenitores

carnívoros—animales que sólo comen carne (otros animales)

crustáceos—artrópodos con caparazón exterior dura y dos pares de antenas

estivar—descansar cuando el clima es seco o cálido

exoesqueleto—la cubierta exterior dura de un artrópodo, parecida a un caparazón

ganglios—grupo de células nerviosas que sirven como "cerebro" de un invertebrado

herbívoros—animales que sólo comen plantas

invertebrados—animales sin columna vertebral (espina dorsal)

moluscos—invertebrados de cuerpo suave que usualmente tienen conchas

mucosidad—sustancia resbalosa, pegajosa, producida por seres vivos

mudar—cambiar de exoesqueleto (la cubierta exterior dura)

multicelular—que tiene muchas partes pequeñas llamadas células, que forman a los seres vivos

muscular—tejido del cuerpo formado por músculo y que permite el movimiento

omnívoros—animales que comen tanto plantas como carne

parásito—ser vivo que vive en otros seres vivientes y que obtiene sus alimentos de ellos

presa—cualquier animal cazado por otro como alimento

regeneración—el proceso de crecimiento de una parte del cuerpo que se ha perdido

reproducir—crear más animales similares

segmentos—las partes de una cosa dividida

tórax—la segunda de las tres partes principales de un artrópodo

vida microscópica—animales unicelulares que sólo pueden verse a través de un microscopio

Índice